Polskie
piosenki
i wierszyki

ZIELONA SOWA

Ilustracje: Ala Hanna Murgrabia

Redaktor prowadzący: Sylwia Burdek
Projekt okładki: Michalina Bajor
DTP: Bernard Ptaszyński

ISBN: 978-83-7895-470-5

Wydawnictwo Zielona Sowa Sp. z o.o.
00-807 Warszawa, Al. Jerozolimskie 96
tel. 22 576 25 50, fax 22 576 25 51

wydawnictwo@zielonasowa.pl
www.zielonasowa.pl

Piosenki

My jesteśmy krasnoludki

My jesteśmy krasnoludki,
Hopsa sa, hopsa sa.
Pod grzybkami nasze budki,
Hopsa sa, hopsa sa.

Jemy mrówki, żabie łapki,
Oj tak, tak, oj tak, tak!
A na głowach krasne czapki,
To nasz znak, to nasz znak!

Gdy ktoś zbłądzi, to trąbimy,
Trutu tu, trutu tu.
Gdy ktoś senny, to uśpimy,
Lulu lu, lulu lu.

Gdy ktoś skrzywdzi krasnoludka,
Niu niu niu, niu niu niu.
To zapłacze niezabudka,
Buuu, buuu.

Pojedziemy w cudny kraj

Maria Konopnicka

Patataj, patataj,
Pojedziemy w cudny kraj!
Tam gdzie Wisła modra płynie,
Szumią zboża na równinie,
Pojedziemy, patataj…
A jak zowie się ten kraj?

Poranek

Maria Konopnicka

Minęła nocka, minął cień,
Słoneczko moje, dobry dzień!
Słoneczko moje kochane,
W porannych zorzach rumiane.

Minęła nocka, minął cień.
Niech się wylega w łóżku leń,
A ja raniutko dziś wstanę,
Zobaczę słonko rumiane.

Stary niedźwiedź

Stary niedźwiedź mocno śpi,
stary niedźwiedź mocno śpi,
my się go boimy,
na palcach chodzimy,
jak się zbudzi, to nas zje,
jak się zbudzi, to nas zje.

Pierwsza godzina niedźwiedź śpi.
Druga godzina niedźwiedź chrapie.
Trzecia godzina niedźwiedź łapie!

Jawor, jawor

Jawor, jawor,
Jaworowi ludzie.
Co wy tu robicie?
Budujemy mosty
Dla pana starosty.
Tysiąc koni przepuszczamy,
A jednego zatrzymamy!

Mam chusteczkę haftowaną

Mam chusteczkę haftowaną,
co ma cztery rogi.
Kogo kocham, kogo lubię,
rzucę mu pod nogi.
Tej nie kocham, tej nie lubię,
tej nie pocałuję.
A chusteczkę haftowaną
tobie podaruję!

Kosi, kosi łapci

Kosi, kosi łapci.
Pojedziem do babci.
Babcia da nam serka,
a dziadzio cukierka.

Kotki dwa

A-a-a, kotki dwa,
szarobure obydwa.
Jeden duży, drugi mały
oba mi się spodobały.
A-a-a, kotki dwa,
nic nie będą robiły,
tylko ciebie bawiły.

Mało nas do pieczenia chleba

Mało nas, mało nas
do pieczenia chleba,
tylko nam, tylko nam
ciebie tu potrzeba!
Dużo nas, dużo nas
do pieczenia chleba,
więc już nam, więc już nam
ciebie tu nie trzeba!

Nie chcę cię

Nie chcę cię, nie chcę cię,
nie chcę cię znać!
Chodź do mnie, chodź do mnie,
rączkę mi daj.
Prawą mi daj, lewą mi daj
i już się na mnie nie gniewaj.

Stoi różyczka

Stoi różyczka
w czerwonym wieńcu,
my się kłaniamy
jako książęciu.
Ty różyczko dobrze wiesz,
dobrze wiesz, dobrze wiesz,
kogo kochasz, tego bierz,
tego bierz.

Ulijanka

Moja Ulijanko,
klęknij na kolanko.
Ujmij się pod boczki,
złap się za warkoczki.
Umyj się, uczesz się
i wybieraj, kogo chcesz.

Jestem sobie przedszkolaczek

Jestem sobie przedszkolaczek,
Nie grymaszę i nie płaczę,
Na bębenku marsza gram,
Ram tam tam, ram tam tam.
Mamy tu zabawek wiele,
Razem bawić się weselej,
Bo kolegów dobrych mam,
Ram tam tam, ram tam tam.
Mamy klocki, kredki, farby,
To są nasze wspólne skarby,
Bardzo dobrze tutaj nam,
Ram tam tam, ram tam tam.
Kto jest beksą i mazgajem,
Ten się do nas nie nadaje,
Niechaj w domu siedzi sam,
Ram tam tam, ram tam tam.

Dwóm tańczyć się zachciało

Dwóm tańczyć się zachciało, zachciało, zachciało,
Lecz im się nie udało, pari pari paro.
Kłócili się ze sobą, ze sobą, ze sobą,
Ja nie chcę tańczyć z Tobą, pari pari paro.
Poszukam więc innego, innego, innego,
Do tańca zdolniejszego, pari pari paro.

Była sobie żabka mała

Była sobie żabka mała
re re kum kum, re re kum kum,
która mamy nie słuchała
re re kum kum bęc.

Na spacery wychodziła
re re kum kum, re re kum kum,
innym żabkom się dziwiła
re re kum kum bęc.

Ostrzegała ją mamusia
re re kum kum, re re kum kum,
by zważała na bociusia
re re kum kum bęc.

Przyszedł bociek niespodzianie
re re kum kum, re re kum kum,
połknął żabkę na śniadanie
re re kum kum bęc.

A na brzegu stare żaby
re re kum kum, re re kum kum,
rajcoway jak te baby
re re kum kum bęc.

Jedna drugiej żabie płacze
re re kum kum, re re kum kum,
„Już jej nigdy nie zobaczę"
re re kum kum bęc.

Z tego taki morał mamy
re re kum kum, re re kum kum,
trzeba zawsze słuchać mamy
re re kum kum bęc.

Zima zła

Maria Konopnicka

Hu! hu! ha! Nasza zima zła!
Szczypie w nosy szczypie w uszy,
Mroźnym śniegiem w oczy prószy,
Wichrem w polu gna!
Nasza zima zła!

Hu! hu! ha! Nasza zima zła!
Płachta na niej długa, biała,
W ręku gałąź oszroniała,
A na plecach drwa…
    Nasza zima zła!

Hu! hu! ha! Nasza zima zła!
A my jej się nie boimy,
Dalej śnieżkiem w plecy zimy,
Niech pamiątkę ma!
Nasza zima zła!

Jagódki

Jesteśmy jagódki,
czarne jagódki,
Mieszkamy w lesie zielonym,
Oczka mamy czarne,
buźki granatowe,
A rączki są zielone i seledynowe.

A kiedy dzień nadchodzi,
Dzień nadchodzi.
Idziemy na jagody,
Na jagody.
A nasze czarne serca,
Czarne serca.
Biją nam radośnie,
Bum tarara bum.
Pójdziem na jagódki, wysmarujem bródki,
Do kosza połowę, a resztę na głowę.
Trochę sobie zjemy, się wysmarujemy
I zatańczymy nowy taniec jagodowy.

Wierszyki

Katechizm polskiego dziecka

Władysław Bełza

– Kto ty jesteś?
– Polak mały.

– Jaki znak twój?
– Orzeł biały.

– Gdzie ty mieszkasz?
– Między swemi.

– W jakim kraju?
– W polskiej ziemi.

– Czym ta ziemia?
– Mą ojczyzną.

– Czym zdobyta?
– Krwią i blizną.

– Czy ją kochasz?
– Kocham szczerze.

– A w co wierzysz?
– W Polskę wierzę.

– Czym ty dla niej?
– Wdzięczne dziecię.

– Coś jej winien?
– Oddać zycie.

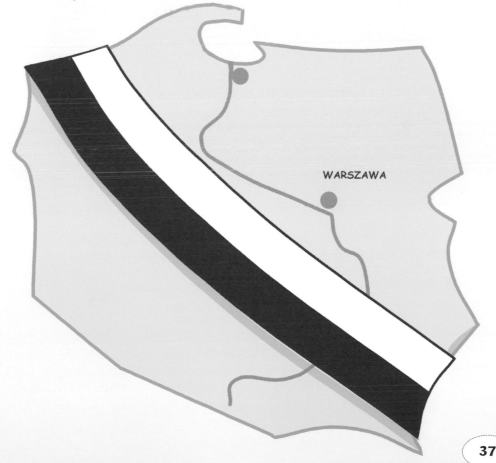

WARSZAWA

Stefek Burczymucha

Maria Konopnicka

O większego trudno zucha,
Jak był Stefek Burczymucha,
– Ja nikogo się nie boję!
Choćby niedźwiedź... to dostoję!
Wilki?... Ja ich całą zgraję
Pozabijam i pokraję!
Te hieny, te lamparty
To są dla mnie czyste żarty!
A pantery i tygrysy
Na sztyk wezmę u swej spisy!
Lew!... Cóż lew jest?! – Kociak duży!
Naczytałem się w podróży!

I znam tego jegomości,
Co zły tylko, kiedy pości.
Szakal, wilk?... Straszna nowina!
To jest tylko większa psina!
(Rysia mijam zaś z daleka,
Bo nie lubię, gdy kto szczeka!)
Komu zechcę, to dam radę!
Zaraz za ocean jadę
I nie będę Stefkiem chyba,
Jak nie chwycę wieloryba! –

I tak przez dzień Boży cały
Zuch nasz trąbi swe pochwały.
Aż raz usnął gdzieś na sianie...

Wtem się budzi niespodzianie.

Patrzy, aż tu jakieś zwierzę

Do śniadania mu się bierze.

Jak nie zerwie się na nogi,

Jak nie wrzaśnie z wielkiej trwogi! –

Pędzi, jakby chart ze smyczy...

– Tygrys, tato! Tygrys! – krzyczy.

– Tygrys?... – ojciec się zapyta.

– Ach, lew może!... Miał kopyta

Straszne! Trzy czy cztery nogi,

Paszczę taką! Przy tym rogi...

– Gdzie to było?

– Tam na sianie.

–Właśnie porwał mi śniadanie...

Idzie ojciec, służba cała,

Patrzą... a tu myszka mała.

Polna myszka siedzi sobie

I ząbkami serek skrobie!...

Chory kotek

Stanisław Jachowicz

Pan kotek był chory i leżał w łóżeczku,
I przyszedł pan doktor: „Jak się masz, koteczku"!
– „Źle bardzo..." – i łapkę wyciągnął do niego.
Wziął za puls pan doktor poważnie chorego,
I dziwy mu śpiewa: – „Zanadto się jadło,
Co gorsza, nie myszki, lecz szynki i sadło;
Źle bardzo... gorączka! Źle bardzo, koteczku!
Oj! Długo ty, długo, poleżysz w łóżeczku,
I nic jeść nie będziesz, kleiczek i basta:
Broń Boże kiełbaski, słoninki lub ciasta!".

– „A myszki nie można? – zapyta koteczek –

Lub z ptaszka małego choć z parę udeczek?".

– „Broń Boże! Pijawki i dieta ścisła!

Od tego pomyślność w leczeniu zawisła".

I leżał koteczek; kiełbaski i kiszki

Nietknięte, z daleka pachniały mu myszki.

Patrzcie, jak złe łakomstwo! Kotek przebrał miarę;

Musiał więc nieboraczek srogą ponieść karę.

Tak się i z wami dziateczki stać może;

Od łakomstwa strzeż was Boże!

Ogródek

Maria Konopnicka

W naszym ogródeczku
Są tam śliczne kwiaty:
Czerwone różyczki
I modre bławaty.

Po sto listków w róży
A po pięć w bławacie;
Ułożę wiązankę
I zaniosę tacie.
A tata się spyta:
– Gdzie te kwiaty rosną?
– W naszym ogródeczku,
Gdzie je siałam wiosną..

Jesienią

Maria Konopnicka

Jesienią, jesienią
Sady się rumienią;
Czerwone jabłuszka
Pomiędzy zielenią.
Czerwone jabłuszka,
Złociste gruszeczki
Świecą się jak gwiazdy
Pomiędzy listeczki.
– Pójdę ja się, pójdę,
Pokłonić jabłoni,
Może mi jabłuszko
W czapeczkę uroni!
– Pójdę ja do gruszy,
Nadstawię fartuszka,
Może w niego spadnie,
Jaka śliczna gruszka!
Jesienią, jesienią
Sady się rumienią;
Czerwone jabłuszka
Pomiędzy zielenią.

Spis treści

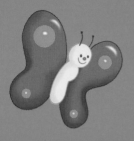